Pavos reales y leones

Publicado por Spines
ISBN 979-8-89691-808-0

Pavos reales y leones

Escapa del zoológico del narcisismo y reclama tu fortaleza

Por

Deborah Royal

Índice

Dedicatoria

*Para las mujeres que han enfrentado la tormenta,
soportado el caos y encontrado la fuerza para alejarse—
esto es para ustedes.
Para las mujeres que se atrevieron a reclamar sus voces
después de años de haber sido silenciadas.
Para las mujeres que creyeron en su valor, incluso
cuando estaba enterrado bajo capas de manipulación y
dolor.
Para las mujeres que eligieron su paz sobre su miedo, su
libertad sobre su comodidad, y su sanación sobre su
desamor.
Ustedes son guerreras. Ustedes son sobrevivientes.
Y no están solas.*

*Este libro es un homenaje a su fe, valentía y su
inquebrantable espíritu. Que les recuerde la belleza de
comenzar de nuevo, el poder de elegir a sí mismas y la
luz que emerge cuando salen de la oscuridad.
Brindemos por su nueva paz y la vida que están
construyendo—porque se lo merecen. Siempre.*

Introducción

A menudo, uso analogías de animales para describir los rasgos de las personas. Así que este libro no será diferente al describir a individuos con rasgos narcisistas. Este enfoque se convirtió no solo en un método para sobrellevar el abuso que experimenté, sino también en una manera de darle sentido a todo. Mi terapeuta y yo hacíamos comparaciones con ciertas especies que exhiben comportamientos percibidos como egocéntricos, dominantes o que buscan atención, creando un marco para entender patrones que de otro modo se sentían abrumadores.

Por ejemplo, animales como leones o pavos reales a menudo se asocian metafóricamente con rasgos narcisistas debido a su presencia majestuosa, instintos territoriales o su afición por la atención. Sin embargo, estas analogías son puramente simbólicas y no deben tomarse como paralelos científicos entre el comportamiento animal y los trastornos de personalidad humana. Sirven como herramientas para la comprensión, no como explicaciones definitivas.

Comparto estas comparaciones con cautela, sabiendo cuán matizados son los rasgos narcisistas en los humanos. Trastornos de la personalidad como el narcisismo están moldeados por una compleja interacción de factores psicológicos, ambientales y sociales, y sus complejidades no pueden ser simplificadas. Este libro no pretende diagnosticar ni reducir estos rasgos a simples estereotipos. En cambio, busca proporcionar claridad para aquellos que navegan relaciones enredadas en manipulación y abuso.

Dentro de estas páginas, descubrirás historias que iluminan tanto las señales sutiles como las evidentes del abuso narcisista. A través de ejemplos del mundo real, términos como gaslighting y love bombing—tácticas manipulativas diseñadas para confundir, controlar y menoscabar—cobran vida de manera vívida. Estos comportamientos, aunque insidiosos, dejan rastros identificables. Al aprender a reconocer estas tácticas, espero que recuperes tu poder, tu voz y tu sentido de ti misma.

Pero este libro no se detiene en exponer el daño. Profundiza más, explorando pasos prácticos para escapar y reconstruir. Desde establecer límites hasta buscar apoyo externo, encontrarás métodos prácticos para liberarte del ciclo de abuso. Igualmente importante, aprenderás a abordar las heridas emocionales que persisten mucho después de que la relación haya terminado. La sanación, después de todo, es un viaje—no un destino. Las historias compartidas aquí están destinadas a ofrecer orientación, aliento y herramientas para ayudarte en el camino.

A medida que avances, también observaremos de cerca el costo oculto que el abuso narcisista tiene sobre la autoestima, la salud mental y las relaciones. Ya sea la erosión de la confianza, la persistente duda sobre uno mismo o el miedo a confiar nuevamente, estas páginas son un testimonio de la resiliencia del espíritu humano. El daño que has soportado es real—pero también lo es tu capacidad para superarlo.

Si te sientes identificada con las situaciones en este libro, espero que estas metáforas e historias te brinden claridad, comodidad y validación. Sobre todo, quiero que este libro simplifique una poderosa realización: tu valor es incalculable.

La sanación y la paz son posibles. Están esperándote al otro lado de la conciencia y la acción. Que este libro sirva como guía, recordándote la fuerza que siempre ha estado dentro de ti y iluminando el camino hacia la redescubierta de tu paz.

Capítulo 1
Pavos reales – Experimentando al narcisista vulnerable (o encubierto)

Viviendo a la sombra del pavo real

CRECÍ CON MI MADRE, y era como vivir a la sombra de la deslumbrante exhibición de un pavo real—hermoso desde lejos, pero agotador y confuso para aquellos que se encontraban lo suficientemente cerca como para ver el vacío bajo las plumas. Mi madre poseía un talento peculiar para recolectar las muestras de afecto de quienes la rodeaban, presentándose como frágil pero profundamente abnegada, una criatura gentil y bondadosa. Para el observador casual, ella era un ángel de encanto y consideración, a menudo elogiada por su resiliencia frente a la adversidad y su inquebrantable devoción a sus hijas tras la partida de nuestro padre. Sin embargo, en el santuario de nuestro hogar, ese mismo encanto se transformaba en un arma de manipulación sutil, asfixiando el ambiente

con una tensión tácita y obligando a todos—sobre todo a
mí—a ceder ante sus demandas no expresadas.

La paradoja del narcisista vulnerable

El narcisista vulnerable es, en cierto modo, una paradoja.
En la superficie, mi madre ansiaba validación y simpatía,
presentándose como la víctima de las circunstancias, de
las relaciones e incluso de sus hijos. Pero bajo su frágil
exterior yacía una profunda inseguridad que exigía constante apaciguamiento. Cualquier intento de expresar mis
emociones o necesidades de manera independiente era
recibido con rechazos sutiles pero agudos: "No tienes
idea de cuánto he sacrificado por ti," o "Si fueras agradecido, no me cuestionarías." Con el tiempo, aprendí a
reprimir mis sentimientos para evitar ser culpada o
acusada de ser egoísta.

Siendo una niña, esto dejó cicatrices que aún no podía
comprender. Me hizo sentir que mi valor estaba vincu-
lado a lo bien que pudiera calmar las inseguridades de
mi madre. Su perpetua condición de víctima me hizo
creer que mis necesidades eran secundarias—en el mejor
de los casos. Para una niña que ya luchaba contra las
expectativas sociales de belleza y perfección, el aban-
dono emocional solo agravó mis dificultades. La fijación
de mi madre en la apariencia significaba que nunca era
"suficiente" para ella: mi cabello podría haber estado
mejor arreglado, mi ropa más a la moda, mi figura más

cercana a lo que ella pensaba ganaría aprobación. Lo que ella no se daba cuenta—o tal vez no le importaba—era que cada crítica me empujaba aún más a la duda y la vergüenza.

La puerta giratoria del caos

Cuando mis padres se divorciaron después de que ella apartara a mi padre para su nuevo amante, nuestro hogar descendió a un tipo de caos diferente. Una puerta giratoria de hombres comenzó a definir mis años de adolescencia, cada uno, brevemente celebrado como su nuevo salvador, solo para desaparecer cuando fallaban por una razón u otra. Las rupturas no siempre fueron culpa suya, pero la inestabilidad seguía siendo abrumadora. No podía evitar sentirme invisible en medio de su constante preocupación por impresionar a estos hombres o por lamentar sus ausencias. Cada despedida la dejaba más frágil y exigente, su autocompasión envolviendo el hogar como una niebla asfixiante.

En medio de este caos, mi hermana menor, de ojos bien abiertos e impresionable, se convirtió en mi mayor dilema. Siendo todavía una adolescente, yo intentaba desentrañar el desastre de este hogar tóxico mientras también forjaba mi propia identidad. Quería protegerla, envolverla en plástico de burbujas, pero yo apenas me sostenía por mi cuenta. Fue una lucha feroz. Una que no era para los débiles de corazón.

Decisiones difíciles

Vivir a la sombra del comportamiento volátil y manipulador de mi madre me dejó sin preparación para relaciones saludables. Anhelaba estabilidad, amabilidad y validación—cosas que rara vez sentía en casa—y cuando un chico entró en mi vida durante mi último año de secundaria, pensé que había encontrado precisamente eso. Al principio, él parecía atento y encantador; decía todas las cosas correctas y me hacía sentir vista de una manera que no había experimentado antes. Pero con el tiempo, se hizo evidente que su afecto venía con condiciones, y empecé a notar inquietantes similitudes entre él y mi madre.

Al igual que ella, él tenía una manera de tergiversar las palabras y las situaciones para hacerme responsable de todo. Si denunciaba su comportamiento hiriente, él invertía la situación: "Eres demasiado sensible," o peor aún, "Tienes suerte de que te soporte." No lo reconocí en ese momento, pero sus cambios de humor, su actitud pasivo-agresiva y su necesidad de control reflejaban los mismos patrones con los que había crecido. Era casi como si, inconscientemente, me hubieran entrenado para tolerar este tipo de trato. Después de todo, había pasado toda mi infancia navegando por un campo minado emocional; ¿qué hacía esto tan diferente?

Para cuando me di cuenta de lo profundamente tóxica que se había vuelto la relación, ya estaba embarazada de mi primer hijo. De repente, las apuestas eran más altas que nunca, y las promesas que él hizo de cambiar por el bien de nuestro bebé me dieron la esperanza de que las cosas podrían mejorar. Pero no lo hicieron. La relación, que había comenzado cuando tenía 17 años, se convirtió en un ciclo de manipulación, abuso emocional y promesas rotas, dejándome atrapada en el tipo de caos del que una vez juré escapar.

Irse para sanar

Cuando ya acercaba los 20, supe que no podía quedarme. Dejar el hogar era tanto un instinto de supervivencia como una traición desgarradora a mis ojos. Empaqué mis cosas, diciéndome a mí misma que era lo mejor, pero no podía quitarme la culpa de haber dejado atrás a mi hermana menor. Ella tenía solo 17 años, aún navegando por el mismo entorno tóxico, y sentía que la había abandonado para cargar con el peso que ya no podía soportar.

Mudarse me trajo una sensación de paz que nunca había conocido—libertad de la constante manipulación emocional, la culpa y la presión implacable de arreglar todo. Pero también me dejó un vacío doloroso. Extrañaba a mi hermana y a menudo me preguntaba si había hecho lo suficiente para prepararla para una vida bajo el control de nuestra madre.

Pero irse fue el primer paso para encontrarme a mí misma. Aprendí que la paz a menudo requiere elecciones dolorosas y, aunque los recuerdos de ese tiempo están teñidos de tristeza, también guardan las semillas de mi independencia y sanación.

* * *

Perspectivas psicológicas: comprender y manejar al narcisista vulnerable

Los psicólogos a menudo describen al narcisista vulnerable como alguien cuyo sentido de autoestima es tan frágil que lo enmascara con la dependencia de los demás. Esta dependencia a veces se manifiesta en forma de manipulación a través de la culpa, pasividad-agresividad o chantaje emocional, rasgos que conocía muy bien. Los expertos recomiendan estrategias para manejar las relaciones con narcisistas vulnerables, tales como:

1. Establece Límites Firmes:

◦ *Limita la cantidad de esfuerzo emocional que inviertes en sus necesidades y aprende a decir no sin culpa. Ojalá hubiera conocido esta habilidad antes, ya que constantemente sacrificaba mi bienestar por el de ella.*

2. Busca Validación Emocional en Otro Lugar:

◦ *Desarrolla un sistema de apoyo fuera de la relación para contrarrestar el comportamiento agotador y tóxico.*

Amigos, mentores o incluso terapeutas pueden ofrecer una perspectiva más saludable.

3. Despréndete con Compasión:

◦ *Comprende que sus comportamientos provienen de profundas inseguridades, pero no permitas que su estado emocional dicte el tuyo. Comencé a practicar esto de maneras pequeñas—eligiendo no responder a cada comentario cargado de culpa o acusación. No por miedo, sino por entender que podía canalizar mi energía en mejores emprendimientos.*

4. Enfócate en el Cuidado Personal:

◦ *Invierte tiempo en actividades que te brinden alegría y paz, y recuérdate que sus críticas no definen tu valor.*

No era consciente de estas estrategias en ese momento, pero más tarde, me ayudaron a comenzar a reclamar partes de mí misma.

Capítulo 2
Camaleones – Experimentando el narcisismo vulnerable (o encubierto) (DE NUEVO)

Una casa de espejos

REGRESAR a casa se sintió como entrar en una casa de espejos, donde cada reflejo estaba más distorsionado que el anterior. Las llamadas desesperadas de mi hermana habían desgastado mi determinación y, aunque me resistía a volver, sabía que ella me necesitaba. Pero, al cruzar esa puerta, me sumergí nuevamente en el caos del que pensaba haber escapado. La dinámica del hogar había cambiado drásticamente durante el año y medio que estuve ausente. Las tendencias camaleónicas de mi madre habían transformado el espacio en un escenario donde ella era la directora y la protagonista, adaptándose a sus últimas relaciones mientras mantenía lo que consideraba control.

El cambio más impactante fue "Little Joe." Un día, sin previo aviso, mi hermana llegó a casa y descubrió que el hijo preadolescente del último amante de mi madre se estaba mudando. Le ordenaron empacar sus pertenencias y trasladarse a mi antigua habitación—de inmediato. Su desconcierto y frustración no importaron. Sus necesidades, como siempre, quedaron relegadas ante el enfoque implacable de mi madre en complacer a su pareja. Esto fue un nuevo mínimo, incluso para nuestro caótico hogar. Al menos antes, contábamos con el pequeño consuelo de nuestras habitaciones como refugio.

Pero la presencia de Joe trajo más que una simple molestia. Se inició una relación tóxica y físicamente abusiva entre él y mi madre, sin embargo, mi madre parecía hipnotizada. Estaba absorta en la presencia grandiosa de su amante y en la comodidad de tener a un hombre que la mantenía envuelta en ropa elegante, llena de pasión física, y en una casa vibrante de energía. Cuando Joe finalmente se fue, la disfunción no lo hizo.

El reparto rotativo

Joe fue pronto reemplazado por el Sr. Freeman, un pastor con un lado oscuro. Detrás de sus sermones de salvación y rectitud se escondía una adicción al juego y una inclinación hacia el adulterio. Las dificultades de mi hermana se profundizaron cuando el dinero que había ahorrado cuidadosamente, destinado a financiar su escape, fue robado por Freeman para alimentar sus apuestas en carreras de caballos. La undécima llamada llorosa de ella me quebró. Había desintoxicado lo suficiente mi trauma separado para volver al caos, pero esta vez regresé como un escudo para mi Smiley.

Volver a casa me recordó la dualidad de mi madre. Como un camaleón, cambiaba sus colores para adaptarse a las necesidades de su pareja actual, integrándose sin esfuerzo en su mundo mientras organizaba el nuestro. Anhelaba la energía bulliciosa del hogar en el que creció, pero ahora tenía el control, asegurándose de mantenerse en el centro de atención. Sin embargo, su necesidad era palpable. Incluso mientras dictaba el ambiente, anhelaba algo intangible de todos los que permitía entrar: una validación que nunca podría satisfacerla realmente.

Un nuevo enredo

Mi tiempo de regreso a casa no solo me reconectó con la vieja disfunción; también me condujo a una nueva, en forma de una amistad. Joe, el Pastor Freeman y el resto se habían ido, pero Tina entró en mi vida durante uno de los períodos más desafiantes. Mientras trabajaba en múltiples empleos para mantenerme a mí misma, a mi hijo y a mi hermana, conocí a Tina, una perdedora por excelencia. Sus luchas reflejaban en ciertos aspectos las mías, y mi naturaleza empática me impulsó a acogerla bajo mi protección.

La historia de Tina era desgarradora. Había huido de la violencia doméstica y vivía en el baño de su prima, con la cuna de su bebé escondida en un armario de ropa de cama. Su prima, que también era nuestra jefa en el trabajo, la humillaba a diario. Verla soportar tal injusticia tocó una fibra en mí. La invité a mi vida, y nos volvimos inseparables: dos madres solteras tratando de dar sentido a un mundo caótico.

Durante un tiempo, fuimos el salvavidas la una de la otra. La audacia y humor de Tina iluminaban los días oscuros, y nuestro vínculo se sentía como un refugio en medio de la tormenta. Pero con el tiempo, comenzaron a aparecer grietas. No fue hasta años después, en terapia, que entendí el comportamiento de Tina por lo que era. Sabía que ella sufría de depresión estacional, una pizca de trastorno bipolar y TOC, pero eso lo hacía interesante.

El narcisista encubierto en disfraz

Las manipulaciones de Tina eran sutiles, envueltas en la apariencia de una amiga en apuros. Las inducciones a la culpa, la pasividad-agresividad, los sutiles juegos de control, eran todas características del narcisismo encubierto. Sus confesiones sobre explotar a los demás en beneficio propio deberían haber sido señales de alerta, pero las ignoré, creyendo que nuestra amistad me eximía de sus tácticas. Después de todo, yo era quien intentaba salvarla.

A medida que fuimos envejeciendo, y las luchas de Tina con su salud, familia y otros amigos se intensificaron, sus manipulaciones de culpa y estallidos emocionales se volvieron más frecuentes. Cuando no cedía a sus caprichos, ella respondía con tratamientos silenciosos y acusaciones veladas. Reembolsé cualquier ayuda financiera que alguna vez me extendió, triplicándola, para asegurar una separación clara, cortando los lazos de manera silenciosa pero firme. Romper los vínculos no fue fácil, pero fue necesario.

El costo de volver

Volver a casa se sintió como un acto noble, pero tuvo un costo elevado. Apoyar a mi hermana, a mí misma y a mi hijo mientras navegaba el caos de mi madre me agotaba de maneras que no comprendí del todo hasta mucho después. Mi amistad con Tina, quien inicialmente fue una fuente de conexión, se convirtió en otro reflejo de las dinámicas tóxicas que tanto había luchado por dejar atrás.

Al final, aprendí que incluso aquellos a quienes más amamos—familia, amigos o de cualquier otro tipo—pueden encarnar precisamente los rasgos de los que intentamos escapar. Reconocer la toxicidad, establecer límites y priorizar la paz no son solo actos de supervivencia; son actos de amor. Amor por nosotros mismos, amor por el futuro que queremos crear y por la vida que merecemos.

Alejarme del caos de Tina y de mi madre no se trató solo de abandonar la disfunción, sino de elegir la paz. En esa paz, encontré la claridad para seguir adelante.

* * *

Perspectivas psicológicas: comprender al narcisista encubierto

Los psicólogos describen a los narcisistas encubiertos como maestros en aparentar vulnerabilidad para ganar simpatía. Esto es lo que aprendí sobre cómo manejar este tipo de relaciones:

1. Reconoce la manipulación:

○ *Los narcisistas encubiertos a menudo usan la culpa y la simpatía para controlar a los demás. La conciencia es el primer paso para resistir sus tácticas.*

2. Establece límites:

○ *Define claramente qué tolerarás y qué no. Los narcisistas encubiertos presionan de forma sutil, por lo que es esencial mantenerte firme.*

3. Limita la dependencia emocional:

○ *Resiste la urgencia de salvarlos, ya que esto a menudo*

alimenta su narrativa de impotencia. Prioriza tus propias necesidades.

4. Despréndete con elegancia:

○ *Comprende que su comportamiento proviene de una profunda inseguridad, pero no permitas que dicte tu vida. La distancia, ya sea emocional o física, a menudo es necesaria.*

Capítulo 3
Chimpancés –
Experimentando al
narcisista comunitario

Bienvenido al circo

ALGUNAS PERSONAS PROSPERAN CREANDO RUIDO, caos y
distracción, con una energía que oscila salvajemente de
lo entretenido a lo enfurecedor. Como chimpancés en la
naturaleza, estos individuos pasan de una persona a otra,
de una relación a otra, realizando trucos y acrobacias
para conseguir admiración, elogios o beneficio material.
Al principio, sus payasadas pueden parecer divertidas—
incluso un espectáculo—pero con el tiempo, el ruido
constante se convierte en una distracción, impidiéndote
concentrarte en tu paz y tu progreso.

Los narcisistas comunales encarnan este caos teatral. Se
presentan como altruistas y desinteresados, a menudo en
entornos públicos o grupales, pero su generosidad es
performativa. Los psicólogos lo denominan altruismo

performativo: actos de bondad o caridad diseñados no para ayudar a los demás, sino para resaltar su supuesta superioridad. Les gusta ser vistos como salvadores, con sus frágiles egos ocultos tras un espectáculo cuidadosamente orquestado. Para mí, su presencia a menudo convirtió mi vida en un escenario giratorio de caos, donde fui tanto el público como la participante involuntaria.

La artista religiosa

Toma a Cheryl, la primera narcisista comunal que irrumpió en mi vida. A primera vista, Cheryl parecía inofensiva—incluso amable. Era una de esas cristianas que andaban por ahí poniendo manos sobre la gente, hablando en lenguas y proclamando en voz alta bendiciones a todo aquel que quisiera escuchar (¡durante el horario laboral!). Ahora, no me malinterpretes. A mí también me encanta el Señor, pero los residentes empezaron a quejarse de que hacía demasiado. Los gritos y los saltos repentinos resultaban desconcertantes. El aceite derramado sin invitación y los sermones eran poco bienvenidos. Pero detrás de su fachada santa se ocultaba un espíritu crítico y chismoso. Etiquetaba a los demás como pecadores mientras los derribaba a sus espaldas, todo mientras tramaba posicionarse como superior.

La historia de Cheryl parecía trágica al principio. Comenzó trabajando como limpiadora en nuestra empresa y cayó gravemente enferma, en riesgo de perder su trabajo. Yo abogué por ella, asegurándome de que pudiera conservar su puesto y, más tarde, ayudándola a pasar a un rol en la oficina de administración.

Pero con el tiempo, su gratitud se transformó en envidia. A Cheryl no le interesaban mis responsabilidades, pero ciertamente quería mi sueldo—y pasó cinco de sus siete años en la empresa saboteando mi carrera.

Sus declaraciones ruidosas de rectitud iban acompañadas de payasadas incesantes. Salir a comer se convertía en una ruleta rusa de vergüenza, para mí o para el establecimiento, todo en beneficio de un descuento o una comida gratis. Cuando se mudó a vivir a cuatro estados de distancia, se sintió como una intervención divina.

Los psicólogos recomiendan separar la actuación de la persona al tratar con narcisistas comunales. Los intentos de Cheryl por derribarme tenían menos que ver con mis habilidades y más con sus inseguridades. Reconocer esa verdad me permitió alejarme de su drama y proteger mi paz.

El showman salvador

Luego estaba Bobbi, el padre de mi segundo hijo. Después de que la casa de mi madre fue bombardeada, Bobbi me ofreció refugio en su hogar, insistiendo en que me mudara por mi seguridad. En ese momento no teníamos una relación, pero yo estaba embarazada, y su ofrecimiento me pareció genuino—un gesto de protección y cuidado. Acepté, con la esperanza de crear algo de estabilidad en medio del caos.

Pero vivir con Bobbi fue una lección sobre agendas ocultas. Se veía a sí mismo como mi salvador, pero su generosidad venía con condiciones. Desempeñé el papel de la pareja agradecida, cocinando, limpiando y tratando de ganarme su respeto. Sin embargo, su mirada errante y su infidelidad dejaban claro que su idea del amor tenía más que ver con el control que con el compromiso. Constantemente me recordaba que yo estaba en su casa y él era el proveedor, usando su apoyo financiero como arma para socavar mi autonomía.

Cuando volvieron a surgir pruebas de su infidelidad, rehusé la intimidad, estableciendo un límite que pensé que él respetaría. En cambio, una noche de intensa pasión, su frustración llegó al punto de ebullición. Me forcejeó en el suelo de la cocina y se impuso sobre mí. Ese momento destrozó cualquier ilusión que tenía sobre nuestro arreglo. Ninguna provisión económica valía los sentimientos de ira y falta de respeto que me invadieron tras esa noche. Guardé lo poco que pude y me mudé lo antes posible, dejando atrás su caos y la fachada de salvación que había creado.

El protagonista del circo

Si Cheryl fue la intérprete y Bobbi el salvador, entonces Dan, mi exmarido, fue el protagonista de este circo narcisista. Entró en mi vida proclamándose caballero de brillante armadura, empuñando una Biblia y un aire de benevolencia. Como un pequeño mono marchante golpeando sus símbolos, Dan tenía que hacer un espectáculo de casi cualquier cosa. Mentía como si fuera una condición nerviosa. Alguien le podía preguntar si hacía buen tiempo afuera y, sin razón aparente, él diría que no, que acababa de entrar de un tsunami... ¡y quedaría completamente seco! Después de que incendiaron la casa de mi madre, Dan organizó una colecta en el trabajo para comprar juguetes de Navidad para mis hijos. Aunque aprecié el gesto, la fanfarria me dejó inquieta. Parecía menos compasión y más una actuación pública. No llevaba en el trabajo lo suficiente como para conocer siquiera a algunas de las personas. Un supervisor de boca grande se enteró de mi situación porque el incendio me obligó a pedir varios días libres.

Dan fue implacable en su persecución hacia mí. Tras sufrir un accidente de coche, empezó a ofrecerme transportación a casa, insertándose en mi vida hasta que finalmente accedí a salir con él. Su ayuda venía con condiciones, siempre acompañada de acusaciones de infidelidad o frialdad. Las palabras que mi madre usaba para inducirme culpa resonaban en mis oídos: "Después

de todo lo que ha hecho por ti, deberías estar agradecida"
y "Serías tonta en dejar que ese hombre blanco se
escape. Los hombres blancos son hombres de familia."
Esa culpa me empujó a una relación que no deseaba de
todo corazón.

Creo que mi madre vivía a través de mí. La noche en que
Dan me propuso, fui a mostrarle el anillo a mi madre y
ella gritó emocionada: "¡Alabado sea el Señor, aleluya!
Déjame ver ese anillo." Mientras extendía mi mano para
que ella lo viera, me indicó que me lo quitara. Pensé que
quería ver el interior de la alianza o algo por el estilo. En
su lugar, ella se lo tomó y se lo colocó en su dedo, solo
para ver cómo se veía. Ese momento fue de lo más incó-
modo y todavía no sé qué sentir al respecto.

Nuestro compromiso, y luego matrimonio, surgido de la
obligación y el espectáculo más que del amor, retiró
rápidamente su telón y salió por la izquierda del escenario. Las presentaciones que ofrecía ante compañeros, en
las que me otorgaba regalos ostentosos, eran poco since-
ras. La mayoría de los obsequios se rompían, empañaban
o se deterioraban, tal como lo hacía nuestro matrimonio.
La necesidad de Dan por aparentar generosidad se veía
eclipsada por su necesidad de control. Una vez acordó
cuidar a los chicos mientras yo salía con Tina, pero
luego estalló y se negó a cuidarlos cuando ella llegó a la
casa a buscarme. Tras puertas cerradas, sus luchas
secretas con el juego y el alcohol revelaron a un hombre
que no me estaba salvando—me estaba usando como

escudo para protegerse de su propio caos. Incluso después de nuestro divorcio, encontró maneras de ejercer control, involucrando a otros para presionarme a firmar los papeles y así poder exhibir su nueva relación. Dan no era un caballero de brillante armadura; era un chimpancé interpretando su último acto, malabareando personalidades para satisfacer sus necesidades.

Ahogando a los monos salvajes

Vivir con narcisistas comunales es como estar atrapado en una actuación interminable, constantemente distraído por su ruido y sus payasadas. Su necesidad de validación y control mantiene el foco sobre ellos, drenando tu energía y perturbando tu paz. Con el tiempo, aprendí a no involucrarme en su teatralidad y, en su lugar, centrarme en mi propio crecimiento personal.

Cheryl, Bobbi y Dan fueron lecciones de distracción, pero también me enseñaron el valor de la claridad y la autopreservación. Al abandonar su escenario, recuperé mi narrativa y me acerqué a la sabiduría necesaria para proteger mi paz. La vida no tiene por qué ser un circo, y a veces el acto más valiente de todos es alejarse.

Las técnicas enumeradas a continuación, combinadas con límites firmes y un compromiso con el autocuidado, pueden ayudarte a sobreponerte a las distracciones y recuperar tu paz. En el trabajo, empecé a reservar un tiempo en el que decía que estaba en una reunión corporativa por Zoom, me ponía los auriculares y cerraba la puerta. Esto me ayudaba a ahogar las distracciones de compañeros entrometidos y parlanchines.

* * *

Perspectivas psicológicas: comprender a los narcisistas comunales

Los psicólogos recomiendan cultivar un fuerte sentido del yo y establecer límites firmes al tratar con narcisistas comunales. Su aprobación—o desaprobación—no define tu valía. Para mí, esto significaba profundizar mi vida de oración y fortalecer mi espíritu de discernimiento. Empecé a reconocer sus patrones más temprano, evitando las trampas de culpa y obligación que tan a menudo preparan.

1. *Practica el desapego intencional*

○ *Cuando los narcisistas comunales crean caos, su objetivo a menudo es arrastrarte a su tormenta. Aprende a desapegarte emocionalmente, afianzándote en el presente. Técnicas como la meditación mindfulness, la respiración profunda o llevar un diario pueden ayudarte a mantenerte centrado y enfocado en tus propias emociones, en lugar de reaccionar a las de ellos.*

2. *Desarrolla una mentalidad de reformulación*

○ *Los narcisistas prosperan haciendo que te sientas culpable o comprometido. Combate esto reformulando sus intentos de manipular tus emociones. En lugar de interiorizar sus críticas o exigencias, recuérdate: "Esto es su problema, no el mío." Reformular te permite ver su comportamiento como un reflejo de sus inseguridades, no de tu valía.*

3. Crea una rutina de afirmaciones personales

○ *Fortalece un sólido sentido de ti mismo afirmando regularmente tu valor. Comienza cada día con afirmaciones como: "Soy suficiente", "Mi valía no está definida por otros" o "Tengo el poder de proteger mi paz." Yo solía llevar un accesorio que podía tocar o mirar para recordarme las afirmaciones durante el día. Al reforzar tu autoestima, puedes dificultar que su ruido irrite tu calma interior.*

Capítulo 4

Orangutanes de borneo – Experimentando al narcisista maligno y sexual

La atracción del orangután

LOS NARCISISTAS sexuales emplean la intimidad como arma, utilizando el encanto y la pasión para atraerte, solo para transformarla en una herramienta de control y dominación. Cuando se combina con la agresión y el sentido de derecho de un narcisista maligno, el resultado es una relación que es a partes iguales embriagadora y aterradora, dejando cicatrices en el alma. Shaun encarnaba lo peor de estos rasgos.

Al principio, él era magnético—inteligente, creativo y atento, un alfa. Me conquistó con paseos por el parque, cenas a la luz de las velas e incluso celebró hitos como nuestro primer mes de aniversario. Sus gestos se sentían románticos, casi demasiado buenos para ser verdad. Yo quería tomar las cosas con calma, pero parecía que todos querían que volviera a tener una relación. Mi madre, mis hijos e incluso Tina. Sin embargo, Tina, siempre la escéptica, me advirtió que Shaun se estaba moviendo demasiado rápido. En el fondo, sabía que podría tener razón, pero después de más de nueve años de soledad, silencié mis dudas, emocionada por sentirme conectada y valorada.

Como el salvaje orangután de Borneo, el encanto de Shaun enmascaraba una necesidad instintiva de dominar. La apariencia de romance pronto dio paso a la manipulación y el control. Nuestra pasión compartida por la fotografía se convirtió en otra herramienta para que él afirmara su autoridad. Mientras creía que éramos un buen equipo, complementando las fortalezas del otro, su confianza se transformó gradualmente en una arrogancia peligrosa. Lo que comenzó como colaboración pronto se convirtió en competencia, con Shaun aprovechando cada oportunidad para recordarme mi dependencia de él. Su actitud comenzó a deteriorarse cuando sus clientes empezaron a pedir que yo realizara las sesiones fotográficas. En lugar de enemistad, me volqué a tomar fotografías de la vida silvestre y la naturaleza para que las cosas resultaran menos amenazantes.

El diagnóstico y la oscuridad

Al inicio de nuestro torbellino romántico, perdí mi trabajo de 14 años. El tiempo libre me permitió desacelerar y prestar más atención a mí misma que a los niños, por una vez. Fue entonces cuando noté una masa inquietante en mi seno. Al principio, pensé que podría estar relacionada con las demostraciones intensas de pasión de Shaun, donde morder y tirar eran algo habitual. Mi doctor lo desestimó como un quiste lleno de líquido hormonal y me sugirió dejar el anticonceptivo durante un mes para monitorear los cambios.

Dejé de tomar la píldora y exigí que Shaun usara condones, pero solo quería usarlos si él podía proporcionarlos. Bueno, lo acepté sin darle más importancia. Pero la mayoría de las veces ni siquiera se mantenían puestos. Con frecuencia se perdían dentro de mí o se enredaban entre las sábanas. Shaun había transformado nuestros momentos íntimos en un espectáculo bastante peculiar, tratándome no como a su amada compañera, sino como una especie de elaborada maquinaria diseñada únicamente para su placer. Al igual que un orangután, que a menudo se considera gentil y contemplativo en su hábitat natural, él también era capaz de exhibir una notable fuerza bruta, agresión y una concentración implacable cuando perseguía sus objetivos. La fuerza de un orangután es asombrosa, capaz de doblar barras de acero o arrancar pequeños árboles con facilidad. Aunque son inteligentes y capaces de empatía en muchos aspectos, sus respuestas primordiales también pueden llevarlos a actuar con insensibilidad cuando son impulsados por el hambre o la competencia reproductiva. Este

poder crudo y abrumador que inicialmente encontré sexy
y emocionante, ahora me hacía sentir como un gatito
arrepentido intentando cruzar las vías frente a una loco-
motora a toda velocidad. Shaun fue la primera persona
que superó mi impulso. Su apetito sexual reflejaba el
implacable agarre de una bestia que aceleraba el corazón
—una necesidad de tomar, consumir y dominar sin preo-
cuparse por el bienestar de mi cuerpo o alma. Al principio, me sorprendían las nuevas formas en que mi cuerpo
podía responder, pero cada vez se ignoraban más mis
necesidades y límites. Su apetito insaciable era primitivo
con el pretexto de una abrumadora atracción exclusiva.
Al igual que el orangután, Shaun era una criatura solita-
ria. Esta soledad proviene de una incapacidad para
cooperar a largo plazo con otros, una reflexión de sus
tendencias egoístas. Su naturaleza bestial y agresiva no
dejaba lugar para la conexión, dejando un vacío donde la
confianza, la jovialidad y la intimidad deberían haber
prosperado. Obligarme a tragar copiosas cantidades de
agua como un marinero en un desierto, solo para asegu-
rarse de que estuviera lo suficientemente hidratada para
satisfacer su deseo de que tuviera relaciones sexuales a
demanda, me hacía sentir como la última hoja que cae de
un árbol al final de un otoño excepcionalmente frío.
Cada orificio de mi figura se veía sometido a una serie
de tensiones que rozaban lo absurdo. La emoción del
juego, que antes era picante y deliciosa, ahora se sentía
como una abrumadora ráfaga—sus peticiones se amon-
tonaban, su empatía enterrada en algún lugar bajo el

colchón. El sabor de su piel chocolata se transformó de ligero y dulce a oscuro y amargo. Decir una palabra de seguridad era objeto de burlas aún más fuertes. Shaun parecía alimentar la agonía de mi carne. Era el director de nuestro propio "freak show" privado y yo era la estrella involuntaria, ofreciendo actuación tras actuación hasta que la risa se convirtió en lágrimas, y el éxtasis se torció en algo que chamuscó mi alma.

Pasados 30 días, la masa seguía ahí, y la ansiedad se volvió innegable. Una biopsia determinó que no se trataba de un quiste inofensivo, sino de cáncer. Cuando intenté distanciarme de Shaun para procesar mi diagnóstico, su respuesta fue cruel y egoísta. "Sólo estás usando el cáncer como excusa para dejarme por otra persona. Se supone que debes amarme, ¿y sin embargo me estás haciendo daño de esta manera?" Acusó, con la voz goteando veneno. Su gaslighting fue implacable, convirtiendo mi vulnerabilidad en munición para mantenerme atada a él. El nuevo torbellino de emociones y miedo al futuro me dejó incapacitada para enfrentar la situación con fortaleza.

Para enero, la masa había crecido, y la realidad de la cirugía se cernía sobre mí. Luego, en febrero, llegó otro shock: estaba embarazada. La noticia llegó durante los exámenes previos a la cirugía para una lumpectomía, y me dejó aturdida. Mi hijo menor tenía casi 12 años, y ahora me enfrentaba a un diagnóstico que amenazaba mi vida mientras llevaba a un niño en mi vientre. Los

médicos me instaron a interrumpir el embarazo,
temiendo que los cambios hormonales aceleraran el
avance del cáncer.

Un descenso a la locura

La noticia del embarazo debería haber sido un momento
de conexión, pero en cambio, se convirtió en un punto de
inflexión para el desmoronamiento de Shaun. Su máscara
de encanto se deslizó, revelando algo mucho más sinies-
tro. Me invitó a un viaje fuera de la ciudad, pero exigió
que no le dijera a nadie. "Ni a tus hijos, ni a tu familia, a
nadie", insistió. Las alarmas sonaron en mi mente.
¿Cómo podría irme sin que nadie supiera mi paradero?
Entonces recordé su escalofriante jactancia de meses
atrás: "He hecho desaparecer a personas antes, y no le di
importancia." Una voz dentro de mí, que creo era la de
Dios, me advirtió: Si te vas en este viaje, no volverás.

Rehusé, y desde ese momento, comencé a distanciarme
de manera encubierta. Pero Shaun no era fácil de evadir.
Vecinos me advirtieron que lo habían visto trepando por
la ventana de mi apartamento cuando yo no estaba en
casa. Su posesividad se volvió insoportable. Exigía saber
cada uno de mis movimientos, acusándome de infidelidad por interacciones casuales. Una vez, un descono-
cido nos saludó a ambos en una tienda. Después de que
el hombre se alejara, Shaun siseó, "Ya conoces a ese

nigga, ¿no es así? Has dormido con él, ¿verdad?" Sus acusaciones eran absurdas, pero su intensidad era aterradora.

La traición final

La posesividad de Shaun se extendió incluso a mi proceso de curación. Después de mi lumpectomía, mientras una enfermera drenaba mi incisión y cambiaba mis vendajes, Shaun observaba con asco. "Eww, eso se ve feo," murmuró, con el rostro retorcido en repulsión. "¿Ahora tus senos quedarán desiguales?" La enfermera, horrorizada, le pidió que abandonara la habitación. Ese pequeño momento decía mucho sobre su falta de empatía.

Una vez que comencé a sanar, intenté retomar mi cámara. La fotografía se convirtió en mi consuelo: una manera de mantener mi mente ocupada y canalizar mi estrés en algo significativo. Durante una cita de radiología, conocí a un joven que compartió su historia conmigo. Le conté sobre mi pasión por la fotografía y cómo la estaba utilizando para llegar a fin de mes hasta poder volver a trabajar a tiempo completo. Él me contrató para documentar la transformación de su primera propiedad, un trabajo de amor que quería inmortalizar mediante una presentación de diapositivas con las renovaciones del antes y el después.

Durante cuatro meses, me dediqué al proyecto, capturando cada etapa de su travesía con un cuidado meticuloso. Mientras finalizaba el trabajo en tres medios diferentes, sentí un orgullo que no había experimentado en años. Pero apenas dos semanas antes de concluir, mi mundo se derrumbó. Shaun, impulsado por la envidia y un rencor cruel que no había anticipado, accedió a mi computadora portátil en secreto. Con una malicia deliberada, borró todos los archivos y eliminó todas las imágenes de la tarjeta SD. En un instante, todo había desaparecido: las imágenes, los recuerdos y la confianza que el joven había depositado en mí.

Cuando descubrí lo que había hecho, la devastación fue aplastante. Tuve que enfrentarme al cliente, confesar la pérdida y reembolsar el dinero. Vi cómo la decepción del joven se transformaba en una resignación silenciosa al darse cuenta de que su travesía—los recuerdos que habíamos trabajado por preservar—ahora estaban irremediablemente perdidos. Me sentí avergonzada, poco profesional y rota. La culpa y la humillación me consumieron, y no pude volver a tocar mi cámara durante años. Lo que una vez se sintió como una tabla de salvación ahora llevaba el peso del fracaso, y no sabía si alguna vez podría recuperarla.

En medio del caos, el comportamiento de Shaun tomó un giro extraño e inquietante. Empezó a actuar casi alegre por la llegada del bebé, declarando que esto cambiaría todo para él. Su voz llevaba una convicción escalofriante mientras me decía, "Este es mi primer hijo. Ahora todo será diferente. Ya verás." Comenzó a hablar de nombres con una intensidad que se sintió más como una negociación por la propiedad que como un gesto de amor. "La voy a nombrar", insistió, sin dejar lugar a discusión. Su repentino entusiasmo parecía enmascarar algo más oscuro, menos un genuino cambio de carácter y más un movimiento calculado para asegurar el control. La forma en que sonreía, casi triunfal, me helaba la sangre. Por un momento, me pregunté si esto era real. ¿Podría un bebé realmente suavizar los bordes de su crueldad? Pero, en el fondo, yo sabía mejor. La luz en sus ojos no era de alegría, era posesión.

Su crueldad no se limitó a las palabras. Mis vulnerabilidades se convirtieron en su terreno de juego, cada herida alimentaba su sensación de dominio. Tina me urgió a ponerle un rastreador a su coche. Y, una vez más, su intuición resultó ser acertada. No confiaba en mi intuición innata, así que siempre recurría a Tina por los "poderes" que decía tener. Lo que descubrí destrozó cualquier ilusión que me quedara. Shaun llevaba una doble vida, aún casado con su segunda esposa. Me dijo que nunca había estado casado. Cuando la confronté en privado, ella confirmó mis temores, describiendo cómo él la había aislado de su familia y agotado emocionalmente. No tenían hijos en común, pero él tenía varios de su primer matrimonio y de relaciones anteriores. Lo que fue aún más inquietante fue que ella no parecía sorprendida ni alterada por saber de mí. Se comportaba como si estuviera acostumbrada a este tipo de sorpresas y enredos. Me disculpé con ella, expresándole mi sincero pesar por haber interferido en su matrimonio, pero Shaun me había mentido. Yo no sabía que ella existía. Ella negó con la cabeza de una manera que evidenciaba viejos recuerdos de infidelidad. Luego habló despacio advirtiéndome que lo dejara, por mi bien y el de mi hijo.

Cuando Shaun despertó de su siesta y se dio cuenta de que estábamos afuera hablando, estalló en furia. Saqué mi teléfono para llamar a la policía, pero él se abalanzó sobre mí como un rayo. Salió de la casa, me arrebató el teléfono y lanzó acusaciones, con una furia incontenible. Un vecino, presenciando el caos, intervino y me ayudó a huir hacia la comisaría.

Rompiendo las cadenas

Con la ayuda del informe policial y de algunos empleados judiciales compasivos, la supervisora me alertó de otras señales de alerta que jamás había reconocido. Me advirtió sobre hombres que intencionadamente embarazan a mujeres, se llevan a sus bebés y los venden a traficantes sexuales. No parecía real, pero me mostró casos. Entonces, mi mente volvió a aquellas viejas conversaciones. Relaté cómo el entusiasmo de Shaun cambió al enterarse de que iba a ser madre de una niña. Él había mentido sobre haberse casado alguna vez y tener hijos. ¡Caramba, ni siquiera estaba segura de que su verdadero nombre fuera Shaun! ¡Él había mentido sobre todo! Seguía diciendo: "Me quedaré con el bebé si tu tratamiento contra el cáncer no funciona." Le pregunté, "¿Quién te ayudará a ti? Nunca has tenido hijos." Con total seguridad me aseguró que tenía un plan para con todo. Estaba asustada e indignada, al mismo tiempo. Obtuve una orden de restricción temporal y se la presenté a mi arrendador, lo que me permitió romper el contrato de alquiler antes de tiempo. Me había convertido en la rueda chirriante que Shaun no quería cerca para evitar llamar la atención sobre sus nefastas actividades. Había solicitado en secreto un nuevo apartamento durante nuestra búsqueda de una casa compartida y, justo a tiempo, me lo aprobaron. Tres meses antes de mi fecha prevista de parto, me mudé a una nueva ciudad y a un espacio seguro, libre del alcance de Shaun.

Prepararme para el tratamiento contra el cáncer y para cuidar a un recién nacido con poco apoyo era abrumador, pero era mejor que soportar el caos que Shaun había creado. Él había despojado mi sentido de seguridad, pero no se había llevado mi fe ni mi resiliencia. Cada paso hacia la independencia se sentía como recuperar mi alma, una pequeña victoria en una larga batalla.

Emergiendo de la oscuridad

La traición de Shaun no solo dejó cicatrices en mi espíritu y mi corazón, sino que me obligó a desarraigar por completo mi vida. Para protegerme a mí misma y a mis hijos, tuve que reubicarme rápidamente, cambiar la escuela de los niños y construir una nueva vida sin llamar la atención. Me convertí en la arquitecta de mi propio programa de protección de testigos; uno que en su momento había diseñado para otras mujeres a las que ayudé a escapar de circunstancias similares. Ahora, estaba en su lugar, viviendo el miedo por el que antes guiaba a otros. Era aterrador moverse en silencio, esconderse a la vista de todos y reconstruir una sensación de normalidad mientras constantemente miraba sobre mi hombro.

Durante años, Shaun había utilizado todas las herramientas a su disposición para hacerme cuestionar mi realidad y mi valía. Más allá del gaslighting, usaba el silencio como arma, retirando el afecto o la comunicación para castigarme y obligarme a ceder. Dominaba la triangulación, enfrentándome contra otros o pintándose a sí mismo como la víctima para hacerme sentir irracional e indigno de amor. Su proyección era implacable, acusándome de sus fechorías para desviar la culpa y cambiar el foco. Y cuando la manipulación fallaba, utilizaba la rabia como martillo, inculcándome miedo y autocrítica. Estas tácticas, insidiosas y efectivas, me hacían cuestionar cada decisión, mi valor como persona e incluso mi sentido de la realidad.

Pero, incluso en medio del caos, descubrí una verdad inesperada: el vacío que dejó Shaun no era ausencia, era libertad. Al principio, se sentía como adentrarse en una oscuridad interminable, fría e incierta. Pero con el tiempo, esa oscuridad se convirtió en una hoja en blanco, en un lienzo para recuperar las piezas de mí misma que él había intentado borrar. Esas cicatrices, tan profundas como eran, terminaron convirtiéndose en símbolos de mi fortaleza. Me enseñaron el valor de escuchar mi intuición, proteger mis límites y alejarme de cualquiera que no pueda amar incondicionalmente. La crueldad de Shaun podría haberme definido, pero en cambio, me fortaleció.

Más tarde, una vez que el polvo del drama se asentó, comencé a ver mi situación bajo una nueva luz: si no me hubieran despedido de mi trabajo de 14 años, Shaun habría sabido exactamente dónde encontrarme, poniendo en peligro la frágil seguridad que estaba construyendo. Perder ese empleo, doloroso como fue, se convirtió en una bendición disfrazada. Me permitió optar a una atención médica gratuita que cubría todos mis tratamientos contra el cáncer y acceder a una comunidad de vivienda asequible que ofrecía no solo un techo, sino un santuario, un espacio donde podía sanar y reconstruirme. Mis hijos encontraron allí amigos para toda la vida, rodeados de la risa y la estabilidad que tanto les había faltado. El nuevo distrito escolar no era solo bueno, era extraordinario, dándoles la oportunidad de prosperar y redescubrir la normalidad de una manera que jamás imaginé mientras salía del barro en el que me encontraba.

Al mirar atrás, ahora entiendo que el vacío no fue el final de mi historia, sino el comienzo de una nueva. Cada paso temeroso hacia adelante se convirtió en un triunfo, y empecé a reconstruir una vida que era completamente, sin pedir disculpas, mía. La historia no terminó con él; comenzó conmigo, empezando de nuevo, más fuerte que nunca.

* * *

Perspectivas Psicológicas: comprender a los narcisistas malignos y sexuales

Los narcisistas malignos, con su peligrosa mezcla de grandiosidad, agresión y falta de empatía, se vuelven aún más destructivos cuando se combinan con rasgos narcisistas sexuales. Aquí se explica cómo identificarlos y protegerte:

1. Reconoce las señales de alerta desde temprano:

◦ *Un encanto excesivo, comportamientos controladores y la falta de empatía son indicadores clave. Confía en tus instintos si algo se siente fuera de lugar.*

2. *Evita el aislamiento:*

◦ *Los narcisistas malignos a menudo tratan de aislarte de tu sistema de apoyo. Mantente conectada con amigos, familia o profesionales que puedan ayudarte a mantener la perspectiva.*

3. *Prioriza tu seguridad:*

◦ *Si la relación se vuelve peligrosa, toma medidas para protegerte, incluyendo obtener órdenes de restricción y asegurar una vivienda segura.*

Capítulo 5
Leones – Experimentando al narcisista grandioso

El rugido del león

HAY algo impresionante en un león. La forma en que demanda atención y su presencia llena el espacio es inigualable. Pero bajo su exterior regio se esconde un depredador, impulsado por el instinto y el derecho propio. El narcisista grandioso es muy similar. Su confianza es deslumbrante, su encanto magnético, pero su necesidad de control y validación eclipsa todo lo demás. Les, la primera relación real que tuve fuera de mi familia, fue la personificación de este tipo de narcisista.

Les entró en mi vida cuando éramos estudiantes de secundaria, llenos de sueños y ambición. Era una elección poco probable para mí. Estaba pasado de peso, era torpe e inseguro, pero tenía una sinceridad en él que conmovía mi corazón. El equipo de lucha, que eran como hermanos para mí, se burló de él sin piedad después de que su cita de bienvenida lo desestimara sin pensarlo dos veces. Vi el dolor en sus ojos y no pude evitar apoyarlo. La empatía, mi compañera constante, me llevó a abrir una puerta que más tarde me resultaría imposible cerrar.

Él no era popular ni extrovertido, pero era persistente. Al principio, Les era humilde y agradecido por mi atención y apoyo. Al recordar las palabras hirientes que mi madre me lanzaba sobre mis dientes, o mi cabello, o esto o aquello, sentí su incomodidad. Su persistencia se asemejaba a la devoción, y yo, con mi tendencia a apoyar al menos favorecido, en secreto deseaba que ganara. Sus compañeros se burlaban diciendo que quería invitarme a salir, pero que no tenía el valor suficiente para acercarse. Como un cachorro de león al borde de la sabana, que observa a la manada desde la distancia, su corazón latía como el de un tambor base. Anhelaba estar orgullosamente al lado de la leona a la que admiraba desde lejos, pero la vacilación lo mantenía anclado en su lugar. Sentía el peso de su inexperiencia, sin estar seguro de su rugido, temiendo que éste saliera como un chillido tímido en lugar del bramido seguro con el que soñaba. Mi presencia lo hacía detenerse, como si su valentía hubiese quedado atrapada en la hierba alta de los humedales. Sí, abrí la puerta. Con tan solo un paso adelante, un salto de valentía, se sintió más fuerte de lo que jamás había imaginado. Ingenuamente, me expuse a la matanza, sin saber que él estaba destinado a convertirse en el depredador.

Al principio, su admiración se sentía bien. Decía todas las cosas correctas, y yo lo estaba elevando de maneras que él no había experimentado antes. Pronto fuimos oficialmente una pareja. Confundí su atención con amor, sin darme cuenta de que era la base del control. La fragilidad se hizo evidente cuando empezó a criticar a la gente a mi alrededor. Mis amigas no eran lo suficientemente buenas, nuestros amigos no eran lo suficientemente buenos; mis compañeros de clase varones estaban secretamente detrás de mí. Él se pintaba a sí mismo como mi protector, el único en quien realmente podía confiar. Poco a poco, empecé a aislarme, pensando que era mi elección, cuando en realidad era su influencia la que me guiaba.

Un amor que se volvió amargo

Nuestra relación se intensificó después de graduarnos de la secundaria y que yo me inscribiera en un colegio comunitario local. Mientras yo trataba de equilibrar el trabajo y la escuela, Les se mudó a otro estado para estudiar en la universidad. La distancia debería haberme dado libertad, pero en cambio, trajo celos y acusaciones. "¿Qué haces cuando yo no estoy? ¿Qué llevas puesto? ¿Con quién andas?" Preguntó, con un tono que mezclaba sospecha y derecho.

Quería tranquilizarlo, demostrarle mi lealtad. Ahorré dinero de mi trabajo para visitarlo, planeé sorpresas e incluso intenté cerrar la brecha con gestos considerados. Pero nada era jamás suficiente. Mis esfuerzos se torcieron hasta convertirse en evidencia de un comportamiento "furtivo". Los mismos actos destinados a acercarnos se convirtieron en las razones por las que me acusaba de ser engañosa. El control era ridículo. ¿Cómo era posible que un adolescente, tratando de decirme a mí, una adolescente, quién podía visitar la casa de mi madre?

Cuando descubrí que estaba embarazada, todo cambió. La madre de Les, la matriarca de una familia colmada de juicio y control, se enfureció. Apareció en la casa de mi madre con un talonario de cheques en mano, ofreciendo pagar un aborto. Sus palabras dolieron: "Esto arruinará las vidas de ambos." Mi madre, siempre tan como un pavo real, desplegó sus plumas en desafío, proclamando, "¡Mi hija no será presionada para nada!"

Decidí tener a mi bebé, pero esa decisión desencadenó una cadena de eventos que se transformaron en una pesadilla. Tratamos de arreglar las cosas. Les nos dijo a mi madre y a mí que nos casaríamos una vez que él se graduara. Regresaría de forma periódica a casa para visitarnos y, durante mi embarazo, tendríamos relaciones como si todavía estuviésemos de pareja. Tras el nacimiento de mi hijo y al ganar Les más popularidad en la escuela, él se distanció emocionalmente, aunque se mantuvo lo suficientemente cerca para conservar el control. Mientras tanto, su madre y sus hermanas comenzaron a orquestar maneras para ayudarlo a socavarme, utilizando su influencia como un arma. Donde la mano de su madre tiraba hacia atrás, la de su esposa comenzaba a dominar.

La batalla por la custodia

La implicación de Les en la vida de nuestro hijo fue mínima al inicio, pero a medida que subía en la escalera corporativa y comenzó a salir con una chica que reflejaba su grandiosidad, cambió su enfoque. Lo que empezó como negligencia se transformó en una campaña de control. Ellos no veían a mi hijo como un niño, sino como un peón en su juego de dominancia.

Una simple solicitud de apoyo adicional para evaluaciones especiales de TDAH se transformó en una batalla de custodia a gran escala. No se trataba sólo de Les y su pareja contra mí; era toda su red. Su familia, profundamente inmersa en el mundo legal, utilizó cada conexión para pintarme como una madre incapaz. Jueces, abogados e incluso el tutor ad litem se alinearon en mi contra. El primer abogado dejó de asistir a las audiencias y desapareció. Chuck, uno de los abogados del presidente de la junta del condado, había ejercido durante dos décadas. Me aventuraba hasta el lado judicial en el piso veintidós para tomar prestados libros de leyes y aprender la jerga legal. Un día, él me vio y me preguntó a qué iba. Empezó a ayudarme a prepararme para representarme a mí misma. Nunca olvidaré el informe del psicólogo forense. En él, describían a Les como alguien que exhibía fuertes rasgos narcisistas, un detalle que me confundió, pues jamás había visto ese término y ni siquiera sabía lo que significaba. Entre todo ese galimatías psicológico, las palabras eran simplemente sopa de letras.

Cuando les ganó, sentí como si mi mundo se derrumbara. Trabajando tan cerca de la sala de justicia, fue fácil para Chuck asistir a algunas audiencias y observar cómo me defendía a mí misma, interrogando a Les y a otros que eran llamados a declarar. La juez permitía que la abogada de Les ingresara al tribunal ebria y tambaleante. Sus intentos de enmascarar el olor a alcohol con perfume eran tan inútiles como mis intentos de luchar contra esa maquinaria. A veces, estaba tan desconcertada, que retiraba mis documentos de apoyo de mi mesa. Un día, la situación se volvió tan caótica, que simplemente miré a Chuck, y cuando la juez lo notó, llamó a la abogada de Les y le dijo que se pusiera las pilas. Lo que Chuck me dijo tras la derrota hizo que mi sangre se convirtiera en lava, moviéndose lentamente desde mis pies hasta mi cuero cabelludo. Con un tono alentador pero apagado, Chuck susurró: "Deb, no te castigues. Eres una joven muy inteligente, y tu espíritu no te permitiría dejar de luchar por tu hijo. Así que quise ayudarte a intentarlo.

Pero tienes que entender dos cosas principales. El tribunal es más teatro que estatutos. Y en segundo lugar, el mundo legal es una red de clubes, y la verdad es que no perteneces a ninguno de ellos." Como un sabio profesor asomándose por encima de sus gafas, reflexionó sobre su información y me aconsejó cambiar el enfoque desde el cual veía la situación desde el principio.

Al recordar el momento en que comenzó la batalla por la custodia, sentí que luchaba una guerra que no podía ganar. Lo que debería haber sido una solicitud directa de apoyo adicional —un pequeño incremento para ayudar con las evaluaciones de TDAH— se transformó en un asalto legal total. Fui sorprendida por un esfuerzo sincronizado en mi contra.

No se trataba sólo de Les y su esposa. Era toda una red —abogados, jueces, incluso el tutor ad litem designado por el tribunal— todos conectados a través de los profundos lazos de su familia con la comunidad legal. Sus tres tías; una jueza y dos abogadas, habían preparado silenciosamente los cimientos de un sistema que funcionaba a favor de Les. Cada audiencia se sentía como caminar hacia la guarida de un león, donde el resultado parecía predestinado y mi voz, por más fuerte o veraz que fuera, era ahogada por su influencia.

Luego, llegó el informe del psicólogo forense, un documento destinado a ofrecer una visión imparcial. En cambio, se convirtió en otra arma. La evaluación de la personalidad de Les reveló fuertes rasgos narcisistas, pero esa pequeña vindicación se vio sepultada por afirmaciones que pintaban su ingreso, educación y la estructura familiar de dos padres como preferibles para el desarrollo de mi hijo. No solo defendía mi derecho a criar a mi hijo; defendía mi carácter contra una maquinaria diseñada para desacreditarme.

Las oficinas de asistencia legal que inicialmente habían aceptado mi caso llamaron repentinamente para retractarse, disculpándose y diciendo que no podían continuar. Cada paso que daba era contrarrestado con precisión, cada evidencia era descartada o tergiversada. Quedó clarísimo: me enfrentaba a un sistema amañado a favor de él.

Para cuando la custodia fue otorgada a Les, no fue solo una pérdida, fue un robo. El recuerdo de la juez permitiendo que la abogada de Les actuara en el tribunal tan ebria que tartamudeaba, sin prácticamente ninguna reprimenda, cerró el caso en mi mente. Fue un auténtico espectáculo de mierda. No hubo justicia, ni equidad. Fue un secuestro legalmente sancionado, y no había manera en el infierno de ganar.

Cuando Chuck concluyó nuestra conversación, dijo directamente, "Esta es la dura verdad: no había forma de que te dejaran, a ti, una profana con tan solo unas pocas clases universitarias en tu haber, salir de este caso como vencedora contra un equipo de mujeres profesionales experimentadas y educadas." A mi hijo no lo llevaron a un ambiente mejor; lo colocaron en una situación donde reinaba el control y la crítica. La batalla por la custodia no se trataba de sus mejores intereses, sino de que Les demostrara que era la mejor persona y que podía dominar y destruir.

Mi hijo, que una vez fue un chico lleno de espíritu y de curiosidad, fue empujado a un ambiente donde Les no lo cuidaba; en cambio, buscaba moldearlo a su imagen. Mi hijo se rebeló, y su personalidad y espíritu chocaron con las rígidas expectativas impuestas sobre él. Los mismos rasgos que lo hacían único —su creatividad y su curiosidad— fueron tratados como defectos a corregir.

La vista desde arriba

Dios le dio a mi hijo ojos para ver las cosas de una manera que ni siquiera yo podía. Creo que fue un don que le ha permitido, hasta el día de hoy, enfrentar muchos desafíos con valentía. Esto se hizo evidente unos meses después de que terminara la batalla por la custodia. Una tarde de viernes, estaba agotada tras un día completo de trabajo y me preparaba para atar cabos sueltos antes de salir para mi visita de fin de semana con mi hijo. Mi rutina era casi sagrada: trabajar hasta tarde por la noche, recoger mis cosas y salir después de que la mayoría ya hubiera abandonado la oficina. Pero ese viernes, mi rutina cambió. Mi novio había venido a recogerme temprano, con la esperanza de adelantarme al tráfico del viernes mientras nos preparábamos para el largo viaje fuera del estado. Con entusiasmo, rompí mi patrón y salí del trabajo. Esa simple decisión—un pequeño cambio en mi rutina—me salvó la vida.

Cuando doblamos la esquina de Washington Street, el caos estalló a nuestro alrededor. El humo se elevaba del Edificio de Administración del Condado de Cook, negro y acre, filtrándose en el fresco aire de la tarde. Los camiones de bomberos aún no habían comenzado a estruendear por las calles con sus sirenas. Mi novio y yo, apresurados por seguir con nuestros planes, intercambiamos miradas inquisitivas, sin estar seguros de lo que estaba pasando. Después de todo, a menudo había algún alboroto en el centro.

Pero a medida que se extendían las noticias, la horrible realidad se hizo evidente. Se había desatado un incendio en el duodécimo piso del edificio, y la gente estaba atrapada. Las escaleras, que se suponía debían servir como rutas de escape, se habían convertido en trampas mortales. Las puertas cerradas en la base impedían que los ocupantes huyeran, dejándolos varados mientras el humo llenaba los estrechos pasillos. Seis personas perdieron la vida ese día, y sus cuerpos fueron encontrados en la misma escalera que yo habría utilizado si me hubiera quedado solo unos minutos más, como era mi costumbre.

La magnitud de lo ocurrido no se me hizo completamente sentir hasta que recibí una llamada de una compañera. "¿Estás bien? ¿Lograste salir?" Preguntó, con la voz temblorosa. No me había dado cuenta de lo cerca que había estado de ser una víctima hasta ese momento. Mi rutina casi había sellado mi destino, pero algo—diré, Dios—había intervenido.

Le conté a mi hijo sobre el incendio cuando llegué a recogerlo. Él escuchó atentamente, con su joven rostro inusualmente serio mientras procesaba la historia. Finalmente, con lágrimas en los ojos, dijo palabras que me dejaron paralizada: "No quiero estar aquí con mi papá, pero tal vez esto fue parte del plan de Dios para salvar tu vida." Me quedé sin palabras. Él veía un propósito en el dolor, y su fortaleza me dio esperanza.

Sus palabras me golpearon como una revelación. Había pasado tanto tiempo lamentando la batalla por la custodia, el dolor de haberlo perdido ante el control de su padre, y la injusticia de todo ello. Pero en ese momento, lo vi de manera diferente. Tal vez, por mucho que doliera, esta separación me había sacado del edificio ese día. Quizás este devastador capítulo de mi vida también formaba parte de un plan mayor, uno que todavía no podía entender o ver desde el valle en el que me habían arrojado.

Un diente largo

Incluso después de que la batalla por la custodia terminara, los efectos persistieron. Les continuó utilizando su posición para controlar y manipular, trasladando a mi hijo de un estado a otro y eventualmente haciendo imposible las visitas. Cada centro era más restrictivo, ni siquiera permitían llamadas telefónicas durante meses.

Luego, de la nada, el último centro donde estaba ubicado mi hijo estalló en caos, cerrándose abruptamente después de que estudiantes iniciaran un incendio en medio de un descenso total al desorden. Los pasillos, que antes eran patrullados con una autoridad rígida, se convirtieron en arenas de rebeldía desenfrenada, con el incendio marcando el clímax de una situación que se había descontrolado por completo. A Les ni siquiera le importó bajar en auto o enviar un boleto de avión para traerlo a casa. Su esposa no lo quería allí, así que, en cambio, Les transfirió dinero a un miembro del personal para comprarle un pasaje de autobús, enviando a mi hijo de 15 años a través del país a Nuevo México—sin compañía—para ser inscrito en otra escuela similar a un asilo, esperando recibirlo.

De alguna manera, durante uno de los muchos traslados, se perdió uno y recordó mi número. Llamó desde una cabina telefónica diciéndome que había perdido su autobús, pero que un hombre amable dijo que lo llevaría con él. Mi corazón se hundió en un abismo casi tan profundo como aquel en el que cayó cuando el juez (amigo de su tía) ordenó que se transfiriera la tutela a Les. Exclamé, "¡No! Dile a ese hombre, quienquiera que sea, que no, gracias, y que se quede donde está. ¡Voy a volar allí para recogerte ahora mismo!" Rápidamente volé de Chicago a la estación de autobuses en un pequeño pueblo de Utah, y, al igual que Simba aferrándose desesperadamente a una rama de árbol frente a una estampida enloquecida, recogí a mi hijo antes de que el peligro inminente de la negligente decisión de Les pudiera tragarlo por completo. Podría haber sido lastimado, o peor, si no hubiera actuado con rapidez.

Una proclamación firme

De todos los enredos narcisistas que he soportado, este fue el de mayor duración. Causó que el estrés se prolongara en mi cuerpo durante años con cada nuevo movimiento que hacía Les. Como un león viejo, su agarre persistía, negándose a liberarme por completo aun cuando sus dientes se aflojaban y su poder menguaba. Fue el peor porque no solo me afectaba a mí, sino que desgarraba el alma de familiares y amigos. El daño se extendió a través de generaciones, un enorme peso que me tomó demasiado tiempo soltar. Su narcisismo grandioso brillaba en cada aspecto de la batalla por la custodia. Armó con su nueva fortuna e influencia familiar, creando la imagen del padre perfecto mientras destruía el espíritu de nuestro hijo a puertas cerradas. No se conformaba con ganar la custodia; necesitaba dominar, demostrar que era mejor, más inteligente y más capaz que yo. Su reinado en mi vida era como el de un gran felino atormentando a un ratón, lanzándolo de un lado a otro durante años sin intención de darle un final rápido y misericordioso. En retrospectiva, la gente me dijo que debería haberlo dejado ganar—haber jugado a ser el ratón muerto—y tal vez tenían razón. Pero este era mi primogénito, y yo estaba programada para luchar, y Les lo sabía.

El narcisismo grandioso de Les convirtió dos relaciones prometedoras en una pesadilla. Armó con mis luchas y el sistema legal para afirmar su dominio, dejando un rastro de destrucción emocional. Pero no ganó. Aunque mi hijo sobrevivió, aún puedo ver las cicatrices que la prueba dejó. Pero también veo otra cosa: resiliencia. Mi hijo sobrevivió al reinado de control de Les, emergiendo con un corazón intacto y con la determinación de romper el ciclo. Verlo convertirse en padre, tierno y devoto, ha sido mi mayor bendición. El amor de mi hijo por su propio hijo es tierno, paciente e incondicional, un marcado contraste con el ambiente que tuvo con su padre. Él sigue siendo íntegro. Su fortaleza me recuerda que, incluso frente a las batallas más largas y constantes, es posible sanar. También aprendí cómo las decisiones que tomé no solo podían afectarme a mí, sino a los que amo. Lo más importante, aprendí lecciones duras sobre el control, la resiliencia y el precio de permitir que la rabia ocupe mi cuerpo.

Los leones pueden rugir y pavonearse, dominando la sabana, pero su orgullo a menudo precede su caída. El ego de Les puede haberle valido elogios y poder, pero su legado siempre estará manchado por el dolor que infligió. Mientras tanto, mi hijo y yo seguimos sanando, rompiendo cada cadena y reclamando la paz que nos fue arrebatada.

* * *

Perspectivas psicológicas: El narcisista grandioso

Los narcisistas grandiosos se caracterizan por su exagerado sentido de importancia propia, la necesidad de admiración y la falta de empatía. Los psicólogos los describen como:

1. Dominantemente encantadores:

◦ *Atraen a las personas con su confianza, pero rápidamente revelan su naturaleza controladora.*

2. Competitivos y dominantes:

◦ *Ven la vida como un juego de ganadores y perdedores, utilizando a menudo a otros como peones para inflar su ego.*

3. *Falta de empatía:*

◦ *Su enfoque en la imagen personal les ciega ante las necesidades emocionales de los demás, incluso en sus relaciones más cercanas.*

Enfrentar a un narcisista grandioso requiere límites claros, distancia emocional y el apoyo de aliados de confianza. Es esencial resistir sus intentos de reescribir la realidad y proteger tu salud mental, incluso cuando las probabilidades parezcan estar en tu contra. Aunque solo puedas hacerlo en pequeñas maneras, sé constante y no temas ponerte primero.

Capítulo 6
Conclusión – De ruinas a esplendor: Recuperando la vida después del narcisismo

AL REFLEXIONAR sobre el camino que va desde la vanidad de un pavo real hasta la trampa de un león, he llegado hasta aquí. Veo las arrugas dejadas en mis cimientos por el comportamiento de mi madre, pero también veo cómo, gracias a la gracia de Dios, he reconstruido ladrillo a ladrillo. La miré con un ojo un poco más compasivo, entendiendo algunas de las corrientes subterráneas de su infancia que pudieron haber creado o agravado su trastorno. Incluso cuando su necesidad de controlar se manifiesta en las reuniones festivas, al decidir irse de una reunión llevándose las sobras que preparó, así como cualquier cosa que fuera su favorita. Ahora resulta casi cómico para mi hermana y para mí, quienes simplemente disfrutamos de las porciones que nos sirven, pero sabemos que debemos preparar nuestras comidas antes de asistir a sus reuniones. Me he convertido en alguien que se niega a vivir a la sombra de los demás. Y, sin embargo, el dolor por lo perdido y lo que tuve que dejar atrás a veces persiste, especialmente ahora que mi madre es anciana y frágil y necesita cuidados.

Al mirar hacia atrás, una verdad destaca por encima de todo: las relaciones narcisistas crean efectos en cadena que se extienden mucho más allá de los individuos directamente involucrados. Padres, parejas e incluso amigos dejan marcas indelebles, moldeando las identidades, las relaciones y las perspectivas de quienes están más cerca de ellos. Sin embargo, incluso en las circunstancias más oscuras, la gracia de Dios tiene la manera de encontrarnos. Su misericordia ofrece redención, sanación y esperanza para un futuro más brillante.

El impacto en los niños

Los niños criados por padres narcisistas a menudo crecen pisando huevos, condicionados a anticipar el caos o cumplir demandas imposibles. Estos niños aprenden a reprimir sus emociones, temiendo el rechazo o la burla, y llevan la carga de un dolor no procesado hasta la adultez.

En mi caso, fui testigo de primera mano de cómo mi hijo sufría bajo el control opresivo de Les. Su espíritu soportaba el peso de un juicio implacable y la expectativa imposible de conformarse. Me preocupaba que las semillas de la amargura echaran raíces en él, pero, por la gracia de Dios, no lo hicieron. En cambio, mi hijo eligió amar de manera diferente. No existe la perfección, ya que mi hijo ahora enfrenta sus propias luchas en las relaciones, pero su devoción hacia su hijo —marcada por la ternura y la paciencia— es prueba de que se pueden romper los ciclos, incluso frente a una adversidad profunda.

Algunos niños no tienen tanta suerte. Muchos internalizan los comportamientos tóxicos que experimentan, continuando el ciclo del narcisismo u otros rasgos destructivos. Pero la capacidad de mi hijo para superar el daño me recordó la resiliencia que todos podemos encontrar en nuestro interior cuando se nos da la oportunidad de sanar.

Los efectos duraderos en los adultos

Crecer con, o estar ligado a, un padre o pareja narcisista deja cicatrices que a menudo se manifiestan en la adultez. Estas heridas pueden aparecer en las luchas con los límites, la autoestima y la confianza, y crean un ciclo difícil de romper. Los sobrevivientes a menudo enfrentan:

• **Dificultad para establecer límites:** Años de haber aprendido que sus necesidades no importan hacen que sea desafiante decir no o mantenerse firme sin temer al conflicto.

• **Baja autoestima:** La crítica constante y el gaslighting hacen que los sobrevivientes duden de su valor y de sus habilidades.

• **Atracción por parejas similares:** Sin intervención, los sobrevivientes pueden buscar inconscientemente relaciones que reflejen su crianza, perpetuando ciclos de abuso.

Durante años, me encontré atrapada en estos patrones. Desde el narcisismo grandioso de Les hasta el control posesivo de Shaun, repetí los mismos ciclos, perdiendo mi voz y mi sentido de poder en cada ocasión. Pero a medida que comencé a descubrir estos patrones, aprendí la importancia de la responsabilidad personal —no por el abuso en sí, sino por permitir que estas relaciones ocuparan un espacio en mi vida.

Herramientas para liberarse

Libresarse de entornos tóxicos y reescribir la narrativa requiere coraje, autoconciencia y apoyo. Las herramientas que me ayudaron a encontrar la libertad también pueden ayudar a otros:

1. Educación y conciencia:

◦ Comprender el narcisismo es el primer paso. Reconocer los rasgos y patrones, ya sea en uno mismo o en otros, permite reconocer el impacto y tomar acción.

2. Terapia y coaching:

◦ La guía profesional es invaluable para desenmarañar el daño emocional causado por las relaciones narcisistas. La terapia me dio claridad, y convertirme en coach de bienestar me permitió transformar mi dolor en un propósito —ayudar a otros a navegar sus propios caminos hacia la sanación.

3. Construir un sistema de apoyo:

◦ Rodéate de personas que realmente se preocupen por ti, respeten tus límites y afirmen tu valor. Incluso un extraño enviado por Dios puede servir como un faro en medio de la tormenta.

4. Fe y oración:

◦ Mi fe se convirtió en mi ancla. Escrituras como Isaías 41:10 me recordaban que nunca estaba sola: "No temas, porque yo estoy contigo; no desmayes, porque yo soy tu Dios." La oración no era solo una forma de pedir ayuda, era una manera de reconectar con mi fuente de fortaleza.

5. Diario y reflexión:

◦ Escribir, como en este trabajo, y crear arte me permitió procesar mi dolor y seguir mi crecimiento. Ver lo lejos que había llegado me dio la confianza para seguir avanzando.

6. Priorizar el cuidado personal:

◦ Redescubrir mis pasiones y enfocarme en mi salud física y emocional me ayudó a reconectar con lo que era fuera de las sombras de estas relaciones y a confiar más en mí misma.

Resurgir de las cenizas

Romper estas cadenas no fue fácil. Implicó desmantelar viejas creencias, confrontar heridas profundas y soportar momentos de dolorosa duda. Sin embargo, he aprendido que la sanación es un viaje desordenado pero hermoso, más que simplemente un destino.

Veo la gracia de Dios manifestarse en mi hijo, quien, a pesar de su tumultuosa infancia, se ha convertido en un padre amoroso y devoto. Lo reconozco en cómo Él ha roto las cadenas en mi vida, permitiéndome escapar de ciclos de abuso y disfunción. Lo veo en la fortaleza que he ganado para compartir mi historia —no como víctima, sino como vencedora— para demostrar a otros que la sanación es posible.

Los narcisistas a menudo intentan robar tu identidad, alegría y esperanza. Sin embargo, no pueden quitarte lo que Dios ha puesto en ti. Su gracia transforma el dolor en propósito y convierte la fragilidad en un testimonio que puede inspirar y elevar a los demás.

Un nuevo legado

El camino de la sanación es continuo. Aunque puede tomar tiempo, la luz de Dios puede brillar, guiándonos hacia un futuro lleno de esperanza, paz y promesas.

A cualquiera que esté leyendo esto y que haya soportado el peso de relaciones narcisistas: sepan que son dignos de amor, respeto y libertad. Tienen el poder de reescribir su historia, y con la gracia de Dios, pueden resurgir de las cenizas de su pasado, más fuertes y radiantes que nunca. La supervivencia no es suficiente —estamos destinadas a prosperar. Para aquellos que se encuentran actualmente atrapados en el dominio de relaciones narcisistas, recuerden: hay vida más allá del caos y hay paz al otro lado. Con fe, coraje y las herramientas adecuadas, pueden emerger de las cenizas más fuertes, sabios y renovados.

Agradecimientos

Primero que nada, quiero agradecer a mis hijos. Ustedes son mi corazón, mi fuerza y las mayores bendiciones de mi vida. Como madre joven, navegaba por aguas desconocidas, a menudo sola, enfrentando pruebas que no siempre sabía cómo manejar. A lo largo del camino, cometí errores—más de los que me gustaría admitir—pero por favor sepan que cada decisión que tomé provino de un lugar de amor y del deseo de darles la mejor vida posible.

Gracias, por su paciencia conmigo mientras aprendía y crecía, a menudo en tiempo real, a través de los desafíos que la vida nos presentó. Su resiliencia, su risa y su amor han sido mi luz guía. Quiero que sepan cuán profundamente y completamente los amo—no solo por quienes son, sino por las personas increíbles que continúan convirtiéndose.

Si hay momentos del pasado que aún les traen dolor, momentos en los que mis decisiones pueden haberles dejado sintiéndose de cierta manera, les pido perdón. Esos capítulos en nuestra historia no eran la imagen completa de nuestras vidas, sino simplemente los cimientos de las personas extraordinarias que estamos destinados a ser. Que esos capítulos les recuerden su fuerza, su valentía y su capacidad para superar.

Ustedes son extraordinarios, y el potencial dentro de ustedes es ilimitado. Nunca dejen de esforzarse por la grandeza, porque lo mejor está por venir. Los amo con una profundidad y una intensidad que las palabras no pueden capturar, y estoy inmensamente orgullosa de ustedes. Gracias a todos por ser mis mayores maestros y la fuente más profunda de alegría e inspiración en mi vida.

Con todo mi amor,
Mamá (Nana)

En segundo lugar, quiero agradecer a mi hermana por su amor y apoyo inquebrantables, incluso a lo largo de muchos de los "espectáculos de locura" que has tenido que presenciar. Tu presencia ha sido un recordatorio constante de que nunca estuve realmente sola, sin importar cuán caótica se volviera la vida.

Has estado a mi lado a través de tormentas de las que la mayoría de la gente habría huido, ofreciendo fuerza, risa y un vínculo que nada podría romper. Gracias por ser mi roca, por verme en mis peores momentos y aún así creer en lo mejor de mí, y por amarme a través de todo. Tu resiliencia y lealtad han significado más para mí de lo que las palabras pueden expresar.

Estoy agradecida por ti, por el papel que has desempeñado en mi vida y por el recordatorio de que la familia es uno de los mayores regalos de Dios. Te amo, siempre y para siempre.

A mis hermanas del corazón:

A Tina, dondequiera que estés, gracias por crecer conmigo y por los momentos de valentía y risa que compartimos. Fuiste parte de mi vida durante algunos de sus capítulos más caóticos, y aunque tomamos caminos diferentes, sé, en mi corazón, que hiciste lo mejor que pudiste con las cartas que la vida te dio. Necesitar alejarme nunca me impedirá orar sinceramente para que hayas encontrado la sanación que necesitas—o que estés más cerca de ella que nunca.

A Mon, gracias por ser ese ángel inesperado en mi vida. Cuando necesitaba una forma de volar para recoger a mi hijo, en un abrir y cerrar de ojos, estuviste allí para comprar el boleto como un rayo. Gracias por todo tu aliento y apoyo. Te quiero hasta la luna y de regreso, pequeña.

A Coach C., eres un reflejo de una joven yo, la yo que imagino podría haber prosperado si me hubieran dado el espacio para florecer en un hogar más seguro y afirmativo. No uno perfecto. Solo uno donde me sintiera segura y donde mi verdadero valor se inculcara regularmente. Tu energía, pasión y determinación siempre me recuerdan canalizar mi espíritu sagitariano interior: saltando sobre obstáculos y apuntando, con precisión, a las metas que tengo por delante. Gracias por inspirarme a soñar más grande y empujar más lejos.

A la Ministra Ann y la Profetisa Bell, sus historias de supervivencia—superando incluso mayores pruebas que las que enfrenté—son testimonios de fe inquebrantable. Me han enseñado el valor de la consistencia en mi relación con Dios y me han recordado que las proclamaciones más profundas no se gritan desde los tejados, sino que se susurran en la quietud con sinceridad. Gracias por las oraciones de medianoche, los avivamientos de la mañana y el aliento constante que me ayudó a encontrar mi fuerza a través de la fe.

A S. Khan y a otras mujeres a las que he tenido el privilegio de ayudar a navegar su camino fuera de la violencia doméstica: ustedes son guerreras. Su valentía y determinación me inspiran, y estoy inmensamente orgullosa de su progreso. Oro por su continua seguridad y sanación, y declaro prosperidad sobre los nuevos capítulos de sus vidas.

Unas palabras para los narcisistas:

A los menos dañinos entre ustedes: entiendo que algunos de ustedes pueden no comprender completamente el impacto de sus acciones. Quizás no son conscientes de cómo su forma de ser corta la vida de los demás. Si alguna vez te encuentras mirando hacia atrás a un rastro de relaciones rotas y dolor, te animo a reflexionar. Comienza contigo mismo—si necesitas controlar, comienza por dominar tus comportamientos e impulsos. Aún tienes el poder de hacer contribuciones significativas a la sociedad y de convertirte en más que el trastorno que busca definirte.

A los más dañinos entre ustedes, aquellos que destruyen a otros por diversión; que la exposición, la corrección y el arrepentimiento los encuentren rápidamente. Quiero que estos encuentros traigan una transformación de limpieza del alma que solo el Dios Altísimo en el cielo puede crear.

Es triste saber que algunas personas viven sin la capacidad de dar o recibir amor verdadero. Todo el concepto les escapa. Espero que un día, incluso para ustedes, la redención sea posible—pero solo después de que hayan hecho las paces por el daño que han causado.

A todos los que se han tomado el tiempo de leer estas palabras; les extiendo mi más profundo agradecimiento. Ustedes son testigos de un viaje tejido con pruebas y triunfos. Que los ecos de esta experiencia reverberen en sus corazones, nutriendo semillas de reflexión, encendiendo llamas de esperanza y fomentando un crecimiento ilimitado en el tapiz de sus vidas.

www.ingramcontent.com/pod-product-compliance
Lightning Source LLC
Chambersburg PA
CBHW061348140726
47997CB00003B/1112